TABLEAUX

PAR

GEORGES WASHINGTON

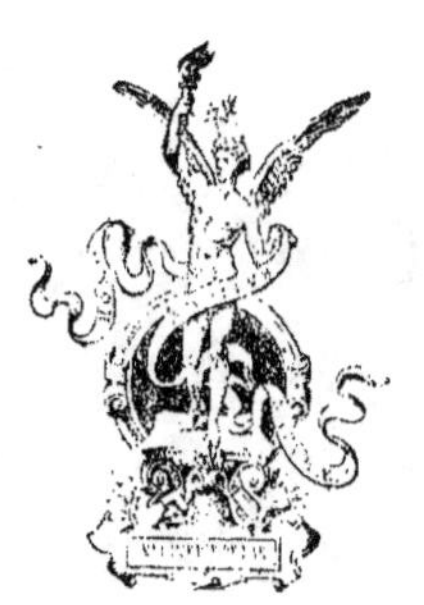

CATALOGUE

DE

TABLEAUX

PAR

G. WASHINGTON

DONT LA VENTE AURA LIEU

HOTEL DROUOT, SALLE N° 5

Le Mercredi 5 Mars 1884

A TROIS HEURES DE L'APRÈS-MIDI

Par le Ministère de Me **LÉON TUAL**, commissaire-priseur,

39, rue de la Victoire, 39

Assisté de **M. BERNHEIM jeune**, expert,

8, rue Laffitte, 8

EXPOSITION PUBLIQUE : Le Mardi 4 Mars 1884

DE UNE HEURE ET DEMIE A CINQ HEURES ET DEMIE

CONDITIONS DE LA VENTE

Elle sera faite au comptant.

Les adjudicataires payeront *cinq pour cent* en sus des enchères.

Paris. — Imp. J. Rouam, 41, rue de la Victoire.

Qui ne connaît Georges Washington?
Qui n'a vu ses scènes orientales si pleines
de vie et de lumière? Depuis 1861,
époque à laquelle il obtint sa première
mention avec *les Nomades dans le
Sahara,* tableau qui fut acheté par le
musée de Lille, chaque Salon a été pour
lui l'occasion d'un succès toujours gran-
dissant. Aussi les amateurs se dispute-
ront-ils les trente toiles que nous pré-
sentons au public, toiles où l'artiste a
su rendre d'une façon si saisissante et
sous des formes si variées la vie des
habitants du désert.

Bernheim jeune.

DÉSIGNATION

1 — *Un Camp dans la forêt de Collo.*

> Toile. Haut., 45 cent.; larg., 66 cent.

2 — *Les Dompteurs dans les plaines de Hodma (province de Constantine).*

> Toile. Haut., 46 cent.; larg., 66 cent.

3 — *Les Roches d'Ineboli, mer Noire.*

> Toile. Haut., 49 cent.; larg., 61 cent.

4 — *Pillards ; bords du Sebou (Maroc).*

Toile. Haut., 45 cent.; larg., 66 cent.

5 — *Un Camp de cavaliers des Goums du Cercle de Bône (Constantine).*

Toile. Haut., 46 cent.; larg., 66 cent.

6 — *Combat sur les bords de l'Oued Zenali (province de Constantine).*

Toile. Haut., 45 cent.; larg., 66 cent.

7 — *Éclaireurs.*

Toile. Haut., 60 cent.; larg., 76 cent.

8 — *Halte au pied d'un arbre. Campagne de Tetuan (Maroc).*

Toile. Haut., 81 cent.; larg., 60 cent.

9 — *Un Puits au désert du Souf (province de Constantine).*

Toile. Haut., 56 cent.; larg., 45 cent.

10 — *Route de Ceuta à Tetouan, près de Castilleros (Maroc).*

Toile. Haut., 53 cent.; larg., 45 cent.

11 — *Cavalier arabe.*

Bois. Haut., 45 cent.; larg., 38 cent.

12 — *Chef arabe et son escorte.*

> Toile. Haut., 44 cent.; larg., 66 cent.

13 — *Cavaliers dans le Souf; frontières tunisiennes.*

> Toile. Haut., 44 cent.; larg., 66 cent.

14 — *Recrues marocaines; souvenir de Sala sur l'Atlantique.*

> Toile. Haut., 44 cent.; larg., 66 cent.

15 — *Nomades en déplacement de canton (province de Constantine).*

> Toile. Haut., 44 cent.; larg., 66 cent.

16 — *Halte chez un Cadi.*

> Toile. Haut., 44 cent.; larg., 66 cent.

17 — *Hameau marocain près de Te·
touan.*

> Bois. Haut., 33 cent.; larg., 46 cent.

18 — *Arabes baignant leurs chevaux.*

> Toile. Haut., 25 cent.; larg., 33 cent.

19 — *Fontaine dans le village de Ta-
merna-Oued-Rir (Tuggurth).*

> Toile. Haut., 33 cent.; larg., 41 cent.

20 — *Caravansérail près de Msela;
Cercle de Bousaada (Algérie).*

Toile. Haut., 33 cent.; larg., 46 cent.

21 — *Cavalier arabe en reconnaissance.*

Toile. Haut., 25 cent.; larg., 33 cent.

22 — *Campement marocain près du cap
Negro.*

Toile. Haut., 45 cent.; larg., 66 cent.

23 — *Repos en Kabylie.*

Toile. Haut., 45 cent.; larg., 66 cent.

24 — *Nomades dans une oasis.*

Toile. Haut., 45 cent.; larg., 66 cent.

**25 — *Convoi de chameaux et chame-
liers; route de Batna (province
de Constantine).***

Toile. Haut., 38 cent.; larg., 46 cent.

26 — *Engagements de cavaliers arabes.*

Bois. Haut., 19 cent.; larg., 24 cent.

27 — *Un Combat.*

Bois. Haut., 19 cent.; larg., 24 cent.

28 — *En Kabylie.*

Bois. Haut., 19 cent.; larg., 24 cent.

29 — *Au Maroc; les bords du Sebou.*

Bois. Haut., 19 cent.; larg., 24 cent.

30 — *Scène arabe.*

Bois. Haut., 19 cent.; larg., 24 cent.